...IS ÉTRANGÈRES D'ASSISTANCE

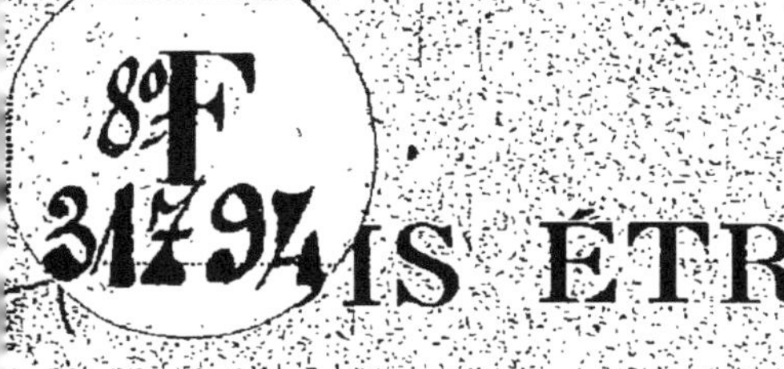

TEXTES FRANÇAIS ET TRADUCTIONS DE LA SOCIÉTÉ INTERNATIONALE POUR L'ÉTUDE DES QUESTIONS D'ASSISTANCE

FASCICULE 3 : **PAYS-BAS**

PARIS
AU SIÈGE DE LA SOCIÉTÉ INTERNATIONALE
49, RUE DE MIROMESNIL, 49

1925

LOIS ÉTRANGÈRES D'ASSISTANCE

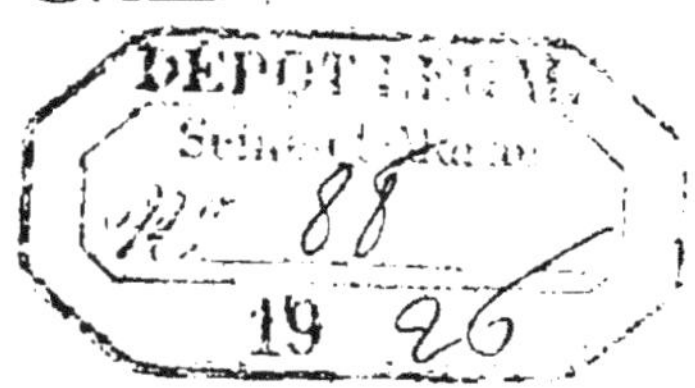

TEXTES FRANÇAIS ET TRADUCTIONS DE LA SOCIÉTÉ INTERNATIONALE POUR L'ÉTUDE DES QUESTIONS D'ASSISTANCE.

FASCICULE 3 : **PAYS-BAS**

PARIS

AU SIÈGE DE LA SOCIÉTÉ INTERNATIONALE

49, RUE DE MIROMESNIL, 49

1925

LOI HOLLANDAISE

DU 27 AVRIL 1912

pour la Réglementation de l'Assistance aux pauvres.

Nous, WILHELMINE, par la grâce de Dieu, Reine des Pays-Bas, Princesse d'Orange-Nassau, etc., etc.

Saluons tous ceux qui liront ou ouïront lire les présentes et portons à leur connaissance que:

Considérant qu'il est utile d'arrêter une nouvelle réglementation de l'Assistance aux pauvres,

Le Conseil d'État entendu, et après délibération des États généraux, Nous approuvons et comprenons comme il a été compris et approuvé par Nous dans la présente:

CHAPITRE PREMIER

Prescriptions générales.

ARTICLE PREMIER

§ 1 Les institutions de charité, comprises dans le sens de cette loi, sont celles qui se proposent comme but continuel l'assistance des pauvres à domicile et en des hospices.

§ 2 Les institutions qui poursuivent simultanément d'autres buts sont considérées comme étant des institutions de charité en tant qu'elles poursuivent le but défini dans le premier alinéa.

ART. 2.

§ 1 Cette loi distingue:

a) Les institutions communales, réglées par l'autorité civile et dirigées sous son autorité;

b) Les institutions créées par les églises, réglées et dirigées par l'autorité de ces églises;

c) Les institutions réglées et dirigées par des particuliers ou par des associations ou fondations n'émanant pas d'une église;

d) Les institutions de nature mixte, à la réglementation et à la direction desquelles il a été pourvu par une entente entre les autorités civiles et une communauté ou paroisse ou des particuliers, ou bien des associations ou des fondations n'émanant pas d'une église.

§ 2 Dans la présente loi on désigne distinctement sous le nom d'institution civile, d'institution émanant d'une église, d'institution privée et d'institution mixte, des institutions telles qu'elles sont visées dans le premier alinéa sous les lettres *a, b, c* et *d.*

ART. 3

§ 1 Dans chaque commune, le bourgmestre et les échevins dresseront et tiendront à jour, d'après les distinctions indiquées dans l'article 2, une liste de toutes les institutions de charité y établies, en observant les décisions prises à ce sujet, conformément au second alinéa du présent article, au premier alinéa de l'article 4 ou conformément à l'article 76.

On mentionnera de même sur cette liste le but particulier que se propose chaque institution. Il sera envoyé une copie de cette liste au Conseil des institutions de charité.

§ 2 La députation permanente des États provinciaux peut ordonner par décret motivé l'enregistrement et le classement sur cette liste d'une institution. Le classement d'une institution n'est modifié qu'avec l'autorisation de la députation permanente des États provinciaux. Les décisions prises en vertu de cet article devront se conformer aux jugements rendus en vertu de l'article 76.

§ 3 Dans un délai de huit jours, le bourgmestre et les échevins informeront par écrit le comité de direction de cette institution de la décision prise, en mentionnant les bases sur lesquelles se fondent l'enregistrement et le classement. Le bourgmestre et les échevins porteront en outre cet enregistrement à la connaissance du public, de la façon usuelle dans la commune, en ajoutant la date de l'enregistrement.

ART. 4

§ 1 Une institution enregistrée sur la liste visée dans l'article 3 ne peut en être rayée par le bourgmestre et les échevins qu'en vertu d'une résolution motivée et avec la sanction de la députation permanente des États provinciaux, à moins que l'institution ait cessé d'exister ou qu'en vertu de l'article 76 il est été décidé qu'elle n'est pas une institution de charité ou bien que, la loi du 22 avril 1855 *(Bulle-*

tin des lois n° *32*) lui étant applicable, elle ait été déclarée déchue de sa personnalité civile, par le juge civil. La députation permanente des États provinciaux peut ordonner par une décision motivée de rayer de la liste une institution.

§ 2. Le bourgmestre et les échevins porteront la radiation à la connaissance du public de la façon usitée dans la commune. En sus, ils informeront le Conseil des institutions de charité de toute modification apportée à la liste.

Art. 5

§ 1 Le fait d'être porté sur la liste visée dans l'article 3 entraîne la personnalité civile pour les institutions qui ne la posséderaient pas à un autre titre ou qui sont soumises à une autre loi quant à l'obtention ou la déchéance de cette qualité.

§ 2 L'alinéa 2 de l'article 1er n'est pas applicable en tant que la personnalité civile appartient à l'institution en son entier.

Art. 6

§ 1 Le Comité de direction informera par écrit le Conseil des institutions de charité de la formation d'une institution de charité dans un délai de trois mois à partir de cette fondation ; les fondations émanant d'une église et les institutions privées en informeront en outre le bourgmestre et les échevins.

§ 2 Dans un délai de trente jours après cette notification, on soumettra au collège auquel doit être faite la communication visée dans le premier alinéa des statuts, la lettre de fondation ou le règlement de l'institution.

§ 3 La modification des statuts ou des règlements d'une institution portée sur la liste visée dans l'article 3, ou la modification de pareille institution en vertu de la lettre de fondation, est communiquée dans un délai de trente jours par le comité de direction au Conseil des institutions de charité et en outre, pour ce qui conserne les institutions émanant d'une église et les institutions privées, aux bourgmestre et échevins.

Art. 7

§ 1 Lorsqu'une institution de charité cesse d'exister, la communication en sera faite au Conseil des institutions de charité dans un délai de trente jours suivant la date de la résolution de dissolution, et en outre aux bourgmestre et échevins pour ce qui regarde les institutions émanant d'une église et les institutions privées.

§ 2 Cette communication est faite par ceux qui étaient chagés de la direction et, à défaut de comité de direction, par ceux qui sont chargés de la liquidation.

Art. 8

§ 1 Dans le cas où le but d'une institution de charité a cessé d'exister, et s'il n'a pas été pourvu à l'emploi de ses biens et de ses revenus par les statuts ou la lettre de fondation, ou encore si le but indiqué pour remplacer le premier a lui-même cessé d'exister, cet emploi sera attribué en faveur d'un but approchant le plus possible de celui proposé, et la décision sera prise en ce qui touche:

a) Une institution civile, par les autorités civiles, sous l'autorité desquelles elle est dirigée, sous la sanction de la députation permanente des États provinciaux ;

b) Une institution émanant d'une église par le comité de direction autorisé;

c) Une institution privée par les fondateurs ou en l'absence ou l'anonymat de ceux-ci par les membres du Comité de direction; dans ce dernier cas, sous la sanction de la députation permanente des États provinciaux ;

d) Une institution mixte par l'autorité civile compétente, de concert avec le Conseil de direction de l'église ou le Conseil de direction privé, sous la sanction de la députation permanente des États provinciaux.

c) La décision prévue dans le premier alinéa est de même applicable si l'effet des prescriptions de la lettre de fondation concernant le but de l'institution doit être censé ne plus répondre à l'intention du fondateur, à condition cependant que la réglementation de l'emploi des biens et revenus n'ait lieu en aucun cas avant Notre autorisation obtenue préalablement. Le Conseil d'État est entendu par Nous à ce sujet.

Art. 9

Dans le cas où la réglementation de l'emploi des biens et revenus d'une institution de charité dont le but a cessé d'exister ou pour laquelle l'effet des prescription de la lettre de fondation concernant le but de la fondation doit être censé ne plus répondre à l'intention du fondateur, ne serait pas notifiée dans un délai dont la durée sera fixée par Nous pour chaque cas, si c'est nécessaire, cette réglementation sera effectuée, après avoir entendu le Conseil des institutions de charité et avec notre sanction, par la députation permanente des États provinciaux par résolution motivée qui sera publiée dans le *Journal officiel néerlandais*. Pour les institutions privées, cette prescription n'aura d'effet que dans le cas d'absence ou d'anonymat des fondateurs.

Art. 10

§ 1 Si les biens d'une institution de charité ne sont pas gérés, soit que personne n'ait le droit de gestion en vertu des statuts ou de la lettre de fondation, ou bien que ceux à qui en est octroyé le droit n'y pourvoient pas, à l'expiration d'un délai à fixer par Nous pour chaque cas, il y est pourvu, après avoir entendu le Conseil des institutions de charité, par la députation permanente des États provinciaux, dans une résolution motivée à sanctionner par Nous et qui est publié dans le *Journal officiel néerlandais*.

§ 2 Il sera donné s'il est besoin aux biens, avec Notre sanction, une destination approchant le plus possible de la destination proposée en dernier lieu.

ART. 11

S'il n'a pas été pourvu à la gestion d'une institution de charité et si une décision n'est pas intervenue à ce sujet dans un délai à fixer par Nous pour chaque cas, par ceux qui ont qualité pour le faire en vertu des statuts ou de la lettre de fondation, ou bien si ceux qui ont qualité pour le faire en vertu des statuts ou de la lettre de fondation n'existent pas, il y sera pourvu, avec Notre sanction, par la députation permanente des États provinciaux, dans une résolution motivée, à publier dans le *Journal officiel néerlandais*.

ART. 12

§ 1 Le Conseil des institutions de charité ou l'administrateur du registre d'information et, à défaut de celui-ci, le bourgmestre et les échevins s'adressent (à la requête du Comité de direction d'une institution de charité à laquelle un pauvre s'est adressé pour être secouru), aux comités de direction des institutions de charité auxquelles l'indigent a pu s'adresser pour obtenir des secours, et s'informent auprès d'elles si le pauvre en reçoit, et si oui, quels en sont la nature et montant. Faute d'un Conseil des institutions de charité, d'un registre d'information et d'une institution civile, le bourgmestre et les échevins peuvent faire cette demande, par rapport à un pauvre qui s'est adressé à eux pour obtenir des secours. Il sera répondu dans un délai d'une semaine à la demande visée dans les deux alinéas précédents. Si la réponse est négative, et si l'on se résout encore après l'envoi de celle-ci à accorder le secours, il en est référé dans le délai d'une semaine au Conseil des institutions de charité, à l'administrateur du registre ou aux bourgmestre et échevins, en mentionnant la nature et le montant des secours.

§ 2 La réponse et la communication sont portées à la connaissance du Comité de direction, qui a fait la demande, par le Conseil des institutions de charité, l'administrateur du registre ou le bourgmestre et les échevins.

§ 3 Dans une commune où il n'existe ni Conseil des institutions de charité, ni registre d'information, une institution civile de charité ou, faute de celle-ci, le bourgmestre et les échevins communiqueront sur demande à une autre institution de charité les informations visées dans le premier alinéa, concernant les indigents secourus par cette institution civile de charité ou par le bourgmestre et les échevins.

ART. 13

§ 1 Les Comités de direction des institutions de charité envoient chaque année au Conseil des institutions de charité et, faute de celui-ci, aux bourgmestre et échevins, dans un délai à fixer par Notre Mi-

nistre de l'intérieur, la déclaration du nombre de secours à domicile et des hospitalisés, des revenus pro-
venant de biens, des legs, des collectes, de subventions ou d'autres dons gratuits, ainsi que des débours
de toutes sortes, des frais d'administration et des
frais faits pour d'autres motifs au cours de l'exercice et de l'année civile.

§ 2 Les Comités de direction des institutions civi-
·les et mixtes fournissent en outre toutes les indications demandées par Notre Ministre de l'Interieur.

.§ 3 L'énoncé du nombre des assistés à domicile et
des débours pour secours de toute nature est fourni
d'après une classification que fixera un règlement
d'administration publique.

§ 4 Les déclarations visées dans cet article seront
envoyées à Notre Ministre précité par le Conseil des
institutions de charité ou par le bourgmestre et les
échevins.

Art. 14

§ 1 Il ne sera accordé des subventions sur les
fonds communaux à des institutions, autres que des
institutions civiles de charité, que dans des cas
tout à fait exceptionnels et en vertu d'une résolution motivée du Conseil municipal, soumise à la
sanction de la députation permanente des États provinciaux. Le Conseil des institutions de charité
sera entendu au préalable.

§ 2 Les subventions sont accordées chaque fois pour une année au plus.

§ 3 Elles ne sont accordées qu'après qu'il a été démontré:

a) Que l'assistance donnée aux indigents et le contrôle des assistés ont lieu d'une façon efficace;

b) Que la production des comptes de recettes et de dépenses de l'institution durant l'année écoulée et le budget de l'exercice en cours et de l'année suivante, prouvent que la subvention est absolument nécessaire;

c) Que ceux-là ont contribué et contribuent encore convenablement dont on peut attendre, en général des contributions, vu la nature de l'institution, et que le Comité de direction a fait et fait toujours tout ce qui est en son pouvoir pour accroître le montant de ces cotisation;

d) Que le Comité de direction de l'institution remplit ses devoirs pour autant qu'il est en son pouvoir, conformément à la nature et à la destination de l'institution ;

e) Que, s'il existe un Conseil des institutions de charité et que l'œuvre ait le droit de représentation dans celui-ci, le Comité de direction à usé de ce droit.

§ 4 La résolution doit établir que les conditions stipulées dans le troisième alinéa sont remplies.

Art. 15

§ 1 Toute quête publique en faveur des institutions de charité au moyen de collectes, de souscriptions, où de toute autre manière, ne peut avoir lieu qu'a-près avis préalable donné par écrit aux bourgmestre et échevins, au moins trois fois vingt-quatre heures à l'avance.

§ 2 Le bourgmestre et les échevins peuvent inter-dire la quête.

§ 3 Le Comité de direction de l'institution inté-ressée peut en appeler à Nous concernant l'interdic-tion.

§ 4 Sont exceptées pour l'application de cet article les collectes dans les églises pendant le culte et celles qui, étant faites en faveur d'une institution émanant d'une église, n'ont lieu qu'au domicile des membres de cette communauté.

Art. 16

§ 1 Les fonds qui sont déclarés être considérés aux besoins de tous les indigents assistés dans une com-mune, sans distinction de religion, sont partagés par le Conseil des institutions de charité et, faute de celui-ci, par le bourgmestre et les échevins, entre les institutions émanant des églises, les insti-tutions privées et les institutions mixtes en propor-tion des fonds déboursés par ces institutions pour les secours.

§ 2 Des prescriptions plus détaillées seront données concernant ce partage par règlement d'administra-tion publique.

CHAPITRE II

Des institutions civiles et mixtes.

ART. 17

§ 1 Les institutions civiles, fondées par les autorités civiles, peuvent être supprimées, si rien de contraire n'a été stipulé à ce sujet dans les statuts ou dans la lettre de fondation, par l'autorité civile par laquelle, ou sous l'autorité de laquelle elles sont administrées.

§ 2 Les institutions mixtes fondées par des administrations ou des particuliers qui pouvoient a leur gérence, peuvent être supprimées par les autorités civile de concert avec l'autorité de l'église compétente ou l'autorité privée, si rien de contraire n'a été stipulé à ce sujet dans les statuts ou dans la lettre de fondation.

§ 3 A la résolution de suppression des institutions visées dans le premier alinéa, la destination des biens et revenus est réglé conformément à ce qui a été stipulé à ce sujet dans les statuts ou la lettre de fondation et, faute d'une prescription spéciale, conformément à l'intérêt de l'assistance des pauvres. La réglementation de la destination des biens et revenus est soumise à la sanction de la députation permanente des États provinciaux.

ART. 18

§ 1 Toutes les autres institutions civiles et mixtes ne sont supprimées que dans le cas où l'intérêt de l'assistance des pauvres l'exige et après que le Conseil des institutions de charité a été entendu. Si rien d'autre n'a été arrêté à ce sujet dans les statuts ou dans la lettre de fondation, la suppression peut avoir lieu, pour ce qui concerne les institutions civiles, par l'autorité civile, par laquelle ou sous l'autorité de laquelle elles sont gérées, et, pour ce qui concerne les institutions mixtes, par l'autorité civile compétente, de concert avec le Comité de direction de l'église compétente, ou avec le Comité de direction privé.

§ 2 A la décision de suppression la destination des biens et revenus sera réglée, après avoir entendu le Conseil des institutions de charité, conformément à ce qui a été stipulé dans les statuts ou la lettre de fondation, ou bien, toute stipulation à cet égard faisant défaut, conformément à l'intérêt de l'assistance des pauvres.

§ 3 La décision de suppression et la réglementation de la destination des biens et revenus sont soumises à la sanction de la députation permanente des États provinciaux.

ART. 19

Les stipulations de l'article 18 sont encore applicables, si l'institution civile qui va être supprimée, quoique fondée par l'autorité civile, a reçu des biens de tiers. Les dispositions prévues dans le second et troisième alinéas de l'article 18 ne sont applicables qu'à ces biens.

Art. 20

§ 1 Pour une institution civile c'est le Conseil municipal qui statue, pour autant qu'il n'a pas été fait d'autre arrangement à cet égard dans les statuts ou la lettre de fondation. La fondation de nouvelles institutions de ce genre a lieu en vertu d'une décision du Conseil municipal.

§ 2 Pour une institution mixte c'est le Conseil municipal qui statue, à moins qu'une autre autorité civile n'ait été chargée de participer à cette réglementation; auquel cas c'est par celle-ci, de concert avec le Comité de direction de l'église ou de l'association privée autorisé à cet effet, s'il n'a pas été stipulé d'autre arrangement à cet égard dans les statuts ou la lettre de fondation. La fondation de nouvelles institutions de cette nature a lieu de façon analogue.

§ 3 Le règlement visé dans les premier et second alinéas est soumis à la sanction de la députation permanente des États provinciaux.

§ 4 La décision de la députation permanente des États provinciaux est communiquée au Conseil des institutions de charité et au Comité de direction de l'institution.

§ 5 L'autorité civile, le Conseil des institutions de charité et le Comité de direction de l'institution intéressée peuvent en appeler devant Nous contre la décision de la députation permanente des États provinciaux, dans un délai de trente jours à partir du jour de la réception de la décision.

Art. 21

§ 1 Le règlement d'une institution ayant pour **but** l'assistance de pauvres en dehors d'hospices, prévoit l'enquête qui doit précéder l'octroi d'un secours, et la surveillance des assistés. En vertu de ce **règle**ment, des visiteurs peuvent être chargés de prendre toute décision quant aux secours, à la distribution des secours et à la surveillance des assistés. Dans le cas où cette délégation est accordée, droit est réservé à l'administration de modifier ou d'annuler la décision du visiteur.

§ 2 Ce règlement fixe l'octroi de secours provisoires, dans le cas où ce secours ne peut être ajourné sans danger pour la vie ou la santé du pauvre.

§ 3 Ce règlement prescrit aussi la façon de laquelle est exercée la surveillance des individus placés dans des hospices.

Art. 22

Tous les biens, qui en sont susceptibles, sont assurés contre l'incendie pour le prix d'achat ou pour leur valeur, qui sera fixée par des experts. La députation permanente des États provinciaux peut, par décision motivée, dispenser une administration de se conformer à cet article à l'égard de certains biens.

Art. 23

§ 1 Les fonds disponibles sont placés soit en inscription au Grand-Livre de la dette néerlandaise ; soit, avec l'autorisation de la députation permanente des États provinciaux, en immeubles ou en titres de créance, garantis par le droit de première hypothèque sur immeubles situés dans les Pays-Bas, jusqu'à un maximum de deux tiers de la valeur de ces immeubles; soit en fonds publics indiqués par règlement d'administration publique. Ce règlement d'administration publique fixe de quelle manière doivent être donnés en garde, par une institution, les fonds publics non nominatifs.

§ 2 Si la députation permanente des États provinciaux refuse l'autorisation demandée pour placements en immeubles ou titres de créance, le Comité de direction peut en appeler devant Nous dans un délai de trente jours, à partir de la réception de la décision.

§ 3 L'encaisse pourra être placée, jusqu'à un maximun de deux mille quatre cents florins, à la Caisse d'épargne postale de l'État.

Art. 24

§ 1 Les Comités de direction ont besoin de l'autorisation de la députation permanente des États provinciaux pour contracter des emprunts; pour aliéner, hypothéquer ou grever des objets d'art ou des monuments historiques; pour vendre ou transférer des inscriptions dans un des Grands-Livres de la dette néerlandaise ou d'autres fonds publics, actions ou titres de créance; pour accorder décharge ou réduction de fermages de loyers ou d'intérêts; pour plaider, hormis les affaires visées dans l'article 76;

lettre *a;* pour des compromis et pour charger des arbitres de se prononcer dans une affaire et pour tous les autres actes qui sortent du domaine de la gestion ordinaire. Les immeubles ne sont donnés à bail ou en location qu'aux enchères. Cependant la députation permanente des États provinciaux, pour un nombre d'années à fixer par elle, peut permettre que certains immeubles soient donnés en location ou à bail à l'amiable.

§ 2 Si la députation permanente des États provinciaux refuse de donner l'autorisation demandée, le Comité de direction peut en appeler devant Nous, dans un délai de trente jours, à partir de la réception de la décision de la députation permanente des États provinciaux.

Art. 25

§ 1 Les Comités de direction auront de même besoin de l'autorisation de la députation permanente des Etats provinciaux pour la fondation de bâtiments nouveaux ou la restauration d'édifices existants, comme pour faire effectuer des réparations extraordinaires, dont les frais sont estimés devoir dépasser un montant à fixer par la députation permanente des Etats provinciaux.

§ 2 Tous les travaux exigeant une sortie de fonds de plus de cinq cents florins seront mis en adjudication, à moins que la députation permanente des Etats provinciaux ne permette, dans l'intérêt de l'institution, qu'on s'écarte de cette règle.

§ 3 Le second alinéa de l'article 24 est applicable.

Art. 26

§ 1 Si un Comité de direction se rend coupable de graves négligences ou s'il s'agit contrairement aux articles 22-25 ou du règlement d'administration publique, vi é dans l'article 23, les membres du comité sont personnellement responsables envers l'institution, pour le montant entier du dommage qu'ils lui auront causé, pour autant qu'ils ne peuvent pas démontrer à la satisfaction du juge, qu'ils ont fait ce qui était en leur pouvoir pour prévenir le dommage, ou bien qu'ils ont été hors d'état d'y veiller.

§ 2 Dans l'intérêt d'une institution, le ministère public peut introduire d'office une demande de créance, résultant de la prescription de l'alinéa précédent.

§ 3 Le juge peut frapper de nullité l'acte récusé ou bien ordonner qu'il soit annulé, condamnant les membres du Comité personnellement au paiement intégral des dommages portés à l'institution.

Art. 27

§ 1 Sans déroger à la prescription de l'article 148 de la loi municipale, les budgets et les comptes de recettes et de dépenses des institutions sont soumis à la sanction du Conseil municipal.

§ 2 Si le Conseil municipal refuse cette sanction, le Comité de direction de l'institution peut en appeler à la députation permanente des États provinciaux, dans un délai de trente jours, à partir de la réception de la décision. La députation permanente des États provinciaux peut fixer le budget et le compte de recettes et de dépenses.

§ 3 Si la résolution de la députation permanente des États provinciaux est annulée par Nous, celle-ci se prononce a une seconde fois en conséquence de notre décision.

CHAPITRE III

De l'assistance des pauvres par des institutions civiles et par l'autorité civile directement.

PREMIERE PARTIE

Des secours.

ART. 28

Les secours ne peuvent être accordés qu'aux indigents qui ne peuvent pas subvenir à leurs besoins, et à l'entretien desquels il n'est pas pourvu par ceux, qui sont tenus de le faire en vertu de la loi, bien qu'il ait été fait une demande à ce sujet; en outre s'ils ne sont assistés ni par des institutions émanant d'une église, ni par des institutions privées ou mixtes.

ART. 29

§ 1 Si le secours est accordé, il est fourni sous la forme et dans la mesure qui, tenant compte des besoins, des qualités individuelles et des conditions

où se trouve le pauvre, sont le plus propres à le re-
mettre en état de pourvoir à l'entretien de sa personne et des siens.

§ 2 Pour les pauvres, qui sont en état de travailler, les secours revêtiront le plus possible la forme
de salaire payé pour travail fourni.

§ 3 S'il appert que l'indigent ne peut pas être tiré
de son état d'indigence par les secours de l'institution, les secours accordés ne dépasseront pas les limites du nécessaire à son entretien.

§ 4 Le secours est accordé chaque fois pour un
temps limité. Les secours remis, soit en argent, soit
en nature, ne pourront être accordés chaque fois
que pour plus de trois mois.

ART. 30

Le Comité de direction de l'institution civile et,
à défaut de celle-ci, le bourgmestre et les échevins
de la commune où se trouve le pauvre, statuent
sans appel au sujet de la demande du secours. Si
le secours est accompagné du placement du pauvre
dans une autre commune, l'indigent est censé se
trouver dans la première commune, pour ce qui regarde le prolongement du secours.

ART. 31

Si le pauvre reçoit déjà des secours d'une autre
institution de charité, il n'est pris de décision, sur
sa demande de secours, qu'après délibération avec
de Comité de direction de cette institution. Dans le

cas où le secours serait accordé; on tendra le plus
possible à l'entente et à la collaboration dans les
secours et dans tout ce qui s'y rapporte. Le Comité
de direction de l'institution civile ou le bourgmestre
et les échevins sont autorisés à faciliter le plus
possible que, dans le cas cité, le secours soit alloué
et la surveillance exercée par une seule institution.

Art. 32

§ 1 Si le secours est refusé avec l'intention mani-
feste d'exclure des pauvres de secours pour des
raisons non conformes à l'intention de l'assistance
publique, il peut être décidé par Nous que les secours seront accordés.

§ 2 L'institution civile et, faute de celle-ci, le
bourgmestre et les échevins sont tenus à exécuter
cette décision. Si l'institution civile refuse l'exécution, le bourgmestre et les échevins sont, tenus à y
procéder pour son compte.

DEUXIEME PARTIE

De l'Assistance publique médicale.

Art. 33

§ 1 Si, dans une commune, il n'a pas été suffisamment pourvu au traitement médical, chirurgical ou
obstétrical ou aux soins donnés aux malades pauvres,
ou bien encore à la fourniture des médicaments ou
des articles de pansement pour les pauvres, la députation permenente des États provinciaux, après avoir

entendu l'inspecteur de l'hygiène publique, **peut**
ordonner certaines dispositions. Elle envoie à l'inspecteur une copie de sa décision.

§ 2 Le Conseil municipal et l'inspecteur peuvent
en appeler à Nous dans un délai de trente jours à
partir de la réception de la décision.

§ 3 Durant le terme précédent et pendant l'appel,
la décision de la députation permanente des États
provinciaux n'est pas exécutoire. Cependant, la députation permanente des États provinciaux peut exiger
que la décision soit exécutée immédiatement au cas
de circonstances urgentes. L'existence de ces circonstances doit être mentionnée dans la résolution
de la députation permanente des États provinciaux.

§ 4 Le Conseil municipal est tenu d'exécuter la
décision de la députation permanente des États provinciaux ou la Nôtre dans le délai fixé par ce collège ou par Nous.

Art. 34

§ 1 L'article 167 de la loi municipale est applicable à :

1º L'arrêté pour la réglementation de l'Assistance
publique médicale dans une commune;

2º L'instruction pour le médecin ou la sage-femme chargés de l'assistance médicale ou obstétricale
dans une commune, y compris la réglementation des
appointements de la suspension et de la destitution;

3º La réglementation de la fourniture, au compte
de la commune, de médicaments et articles de pan-

sement pour les pauvres pour autant qu'il n'a pas été pourvu à cette fourniture par un autre service municipal.

§ 2 La copie des documents est envoyée à l'inspecteur.

ART. 35

§ 1 L'inspecteur peut présenter des objections à
§ 2 La députation permanente des États provindans un délai de trente jours, à partir de la réception de la copie.

§ 2 La députation permanente des Etats provinciaux statue par une résolution motivée, dans un délai de trois mois, à partir de la réception de la réclamation.

§ 3 Le Conseil municipal, le bourgmestre et les échevins et l'inspecteur peuvent en appeler devant Nous de la décision de la députation permanente des États provinciaux, dans un délai de trois mois, à partir de la réception de cette décision.

ART. 36

Si, par déclaration de la députation permanente des États provinciaux ou par la Nôtre, les objections sont déclarées fondées, le Conseil municipal est tenu d'exécuter la décision dans un délai de trois mois.

ART. 37

La démission d'un médecin ou d'une sage-femme, chargés de l'assistance médicale ou obstétricale, au-

trement qu'à la requête du titulaire, doit être moti
vée, et est soumise à la sanction de la députation
permanente des États provinciaux.

TROISIEME PARTIE

Des frais.

ART. 38

Les secours sont à la charge de l'institution **ou de**
la commune, dont le Comité de direction les **a al**
loués, sauf ce qui est prévu dans les articles **39** et
40 de la présente loi.

ART. 39

§ 1 Les frais résultant du transfert d'aliénés pauvres et leur traitement dans des hospices d'aliénés
ou dans des maisons qui, en vertu de la réglementatation légale, sont censées faire partie de pareils hospices, sont payés, en tant qu'ils **ne** doivent pas être
couverts par les fonds de ces hospices mêmes (ou
que des institutions de charité n'y pourvoient pas),
par les caisses des communes où les pensionnaires
avaient leur domicile, dans le sens du code civil, au
moment où l'autorisation légale d'internement dans
un hospice a été demandée, et, si ce domicile ne peut
pas être fixé, par la caisse de l'État.

§ 2 Toutes les fois que ce sera nécessaire, Nous
règlerons la manière d'introduire une instance, sur
le point de savoir quelle caisse acquittera les frais
visés dans le premier alinéa.

Art. 40

§ 1 Si un indigent, secouru aux frais d'une commune ou d'une institution, dont le siège est dans cette commune, se trouvait, déjà, à son arrivée, dans un état nécessitant des secours, ou bien s'il se voit réduit à cet état peu de temps après son arrivée, et si le bourgmestre et les échevins ou le Comité de direction de cette institution ont des raisons fondées pour supposer que quelque influence du bourgmestre et des échevins ou d'une institution civile dans le lieu d'habitation précédent de cet indigent, a pu contribuer à cette arrivée, ils communiqueront leurs soupçons et les motifs à la députation permanente des États provinciaux. Celle-ci Nous en réfère, si les communes intéressées sont situées dans des provinces différentes.

§ 2 La députation permanente des États provinciaux, ou Nous-même, pourront décider, dans une résolution motivée, que les frais de secours tomberont intégralement ou partiellement et pour un temps à fixer dans la décision, à la charge du lieu d'habitation précédent du pauvre, ou à la charge d'une institution civile, dont le siège est dans cette commune.

§ 3 Le délai visé dans l'alinéa précédent ne dépassera pas la durée d'une année pour les pauvres en état de travailler.

§ 4 A la requête de la députation permanente des États provinciaux des personnes seront convoquées par le juge du canton dans lequel elles demeurent ou séjournent, et seront entendues sous serment ou promesse, sur des points controversés à indiquer par la députation permanente des États provinciaux. Le juge de paix dresse le procès-verbal des auditions.

CHAPITRE IV

De la collaboration des différentes institutions de charité.

ART. 41

§ 1 Un Conseil des institutions de charité peut être constitué soit dans une commune, soit pour plusieurs communes ou portions de communes.

§ 2 Si un Conseil des institutions de charité est fondé pour plusieurs communes ou portions de communes réunies, Nous stipulerons le lieu où sera fixé le siège du Comité de direction du Conseil.

§ 3 Les limites du ressort d'un Conseil des institutions de charité peuvent être modifiées par Nous.

ART. 42

§ 1 Toute institution de charité, portée sur la liste visée dans l'article 3 et se proposant pour but l'assistance de pauvres à domicile dans le ressort du Conseil des institutions de charité, est autorisée à désigner un représentant dans le Conseil. Cette désignation est obligatoire pour les institutions civiles. S'il n'y a pas d'institutions civiles, ce sont le bourgmestre et les échevins qui désignent un représentant.

§ 2 Cependant, une institution de charité qui a, en vertu de l'article 40, le droit de nomination de plus d'un membre du Comité de direction, a le droit de désigner dans le Conseil un nombre de représentants, égal au nombre des membres du Conseil de direction qu'elle a droit de faire nommer.

§ 3 Les représentants désignés en vertu de cet article forment le Conseil des institutions de charité.

§ 4 La désignation des représentants peut avoir lieu au moment de l'institution du Conseil. Si elle n'a pas eu lieu lors de cette institution, on peut y procéder six mois avant l'expiration du terme de quatre ans fixé dans l'article 44. Ces membres n'entrent cependant en fonction qu'après cette expiration.

Art. 43

Le Conseil des institutions de charité peut inviter une institution, ayant pour but de pourvoir à une détresse générale passagère dans son ressort, de désigner, elle aussi, un représentant. Ce représentant n'a qu'une voix consultative et cesse de faire partie du Conseil à partir du moment où l'institution, représentée par lui, suspend son activité et cesse de **pourvoir à la détresse.**

Art. 44

§ 1 Les membres du Conseil des institutions de charité sont nommés pour quatre ans. Les membres sortants peuvent être immédiatement réélus.

§ 2 La désignation des représentants, dont les pouvoirs arrivent à expiration, a lieu au courant de l'avant-dernier mois de la période de quatre ans fixée dans le premier alinéa. Il peut être pourvu dans un délai de trois mois aux vacances survenues pendant la durée du mandat.

Art. 45

§ 1 Le président du Conseil des institutions de charité est nommé par le Conseil, qui est libre de le choisir hors de son sein. Si le président est choisi en dehors du Conseil, il jouit des attributions attachées à la qualité de membre du Conseil.

Art. 46

§ 1 Le Conseil des institutions de charité nomme les membres du Comité de direction et les membres suppléants, autant que possible en nombre égal.

§ 2 Le nombre des membres du Comité de direction du Conseil des institutions de charité est fixé par Nous. Nous pouvons stipuler que le Comité choisira dans son sein un Comité exécutif, et quel sera le nombre des membres de ce Comité.

§ 3 Le président du Conseil des institutions de charité est en même temps président du Comité de direction et du Comité exécutif. Il a les attributions attachées à la qualité de membre de ces deux collèges.

Art. 47

Les membres et les membres suppléants du Comité de direction sont nommés dans le Conseil des institutions de charité par désignation directe ou par vote.

Art. 48

§ 1 Comme base de la désignation des membres et membres suppléants du Comité de direction, on adoptera le chiffre, indiquant la proportion qui existe entre le nombre des membres du Comité de direction et le montant des frais consacrés, sous la forme de secours à domicile, par les institutions qui désigne ont un représentant ou des représentants dans le Conseil des institutions de charité. Ce chiffre est fixé par Nous, chaque fois, pour le terme de quatre ans, fixé dans l'article 44.

§ 2 Comme montant des frais pour secours, on adoptera le montant qui a été consacré en moyenne à des secours directs dans le ressort du Conseil d'institutions de charité durant les trois exercices qui précèdent la fixation du chiffre visé dans l'article précédent et sur lesquelles années il a été envoyé à Notre Ministre de l'Intérieur les indications visées dans l'article 13.

Pour les institutions qui, n'existant pas assez longtemps, n'ont pu fournir que deux indications ou bien une seule, on adoptera le montant qui a été consacré en moyenne durant les deux années, ou bien celui de cette seule année.

§ 3 Tout montant consacré en moyenne pour secours directs, calculé conformément à ce qui a été dit dans l'alinéa précédent et s'accordant avec le chiffre fixé par Nous, que ce montant provienne d'une seule institution ou bien de plusieurs institutions réunies, donne droit à la désignation d'un membre du Comité de direction et si possible d'un membre suppléant par le représentant ou les représentants de l'institution, ou bien par les représentants réunis des institutions.

§ 4 Des prescriptions plus détaillées pour l'exécution de cet article peuvent être données par règlement d'administration publique.

Art. 49

§ 1 En tant que les membres du Comité de direction ne sont pas désignés conformément à l'article 48, ils seront nommés par vote. S'il n'y a pas eu de désignation ou si tous les représentants ont désigné des membres du Comité de direction, tous les représentants prennent part à ce vote. Dans tous les autres cas, les représentants qui ont désigné des membres du Comité de direction ne prennent pas part au vote.

§ 2 Tout représentant qui prend part au vote a droit à une seule voix. Des prescriptions plus détaillées seront données par Nous concernant le vote.

Art. 50

§ 1 La première réunion d'un Conseil des institutions de charité ayant pour but de nommer les membres du Conseil de direction est préparée, convoquée et présidée par le bourgmestre de la commune où le siège du Conseil est établi. Des prescriptions plus détaillées peuvent être données par Nous pour la préparation de cette réunion.

§ 2 On pourvoira chaque fois, dans le mois de la démission, au remplacement de membres du Conseil.

Art. 51

§ 1 Le Conseil des institutions de charité, le Comité de direction et le Comité exécutif sont assistés par un secrétaire nommé, suspendu et destitué par Nous.

§ 2 Le secrétaire reçoit un traitement dont le montant sera fixé par Nous, et payé par la caisse d'Etat.

§ 3 Le Conseil arrête pour le secrétaire des instructions soumises à la sanction de Notre Ministre de l'intérieur. Ces instructions fixeront aussi les heures auxquelles le secrétaire se tiendra à la disposition du public.

§ 4 Le secrétaire a voix consultative dans les réunions du Conseil des institutions de charité, du Comité de direction et du Comité exécutif.

Art. 52

§ 1 Le Conseil des institutions de charité arrête un règlement d'ordre intérieur, soumis à Notre sanction.

§ 2 Ce règlement fixera entre autres :

1º Les attributions du Comité de direction et du Comité exécutif de ce qui a été fixé par règlement d'administration publique, visé dans l'article **56**, second alinéa ;

2º Le remplacement du président et du secrétaire en cas d'absence.

Art. 53

§ 1 Un Conseil des institutions de charité pourra être supprimé par Nous par une décision motivée, s'il appert continuellement qu'il ne remplit pas son but, ou que les Comités de direction des institutions de charité émanant des églises ou des institutions privées ou mixtes, ne contribuent pas, ou ne coopèrent pas suffisamment, à sa composition.

§ 2 S'il est à prévoir que ce manque de coopération ne sera que passager, les fonctions du Conseil peuvent être suspendues par Nous, par un décret motivé, pour un délai d'une année au plus. Ce délai peut chaque fois être prolongé par Nous. Notre décret de suspension est accompagné de mesures concernant les travaux qui peuvent être continués par le secrétaire.

§ 3 La suspension est levée par Nous, dès que la raison a cessé d'exister.

Art. 54

§ 1 Le Comité de direction des institutions de charité civiles ou mixtes dont le champ d'activité est dans le ressort du Conseil des institutions de charité, ou bien le bourgmestre et les échevins communiquent au Conseil les noms, domicile, la date de naissance, la communauté religieuse, la profession et le secours accordés, en ce qui touche les personnes secourues par eux et les membres de leur famille. En ce qui touche les personnes à qui les secours ont été refusés par les Comités de direction ou par le bourgmestre et les échevins, ceux-ci feront connaître les domicile, âge et noms des intéressés.

§ 2 Ces communications sont faites au cours de la semaine qui suivra l'octroi ou le refus du secours.

ART. 55

Dans les communes ou parties de commune pour lesquelles a été institué conjointement un Conseil des institutions de charité, l'obligation stipulée dans l'article 54 n'est de rigueur que si le Conseil des institutions de charité, s'est prononcé pour son opportunité. L'obligation, dans ce cas, est de rigueur à partir du moment où le Conseil des institutions de charité a porté sa décision à la connaissance des Comités de direction des institutions existant dans la commune. Elle cesse d'être de rigueur à partir du moment où le Conseil d'institution de charité a révoqué sa décision et a porté cette révocation à la connaissance des institutions de charité existant dans la commune.

Art. 56

§ 1 Outre les fonctions dont le Conseil des institutions de charité est chargé, en vertu des autres articles de cette loi, ce Conseil a pour tâche :

1o D'examiner la situation des personnes qui se sont adressées à lui en qualité d'indigents ou qui, d'après les communications d'habitants ou d'institutions, se sont adressées à ces habitants ou à ces institutions pour obtenir des secours ;

2o De réunir dans un registre les informations prises et les communications faites par les Comités de direction des institutions de charité ;

3o De donner à des institutions de charité et, sauf les prescriptions à fixer dans le règlement intérieur, également à des personnes privées, des informaitons concernant l'assistance des pauvres en général et en particulier les informations, puisées dans les renseignements, visées aux paragraphes 1o et 2o;

4o De se mettre au courant de l'organisation de la charité dans son ensemble, dans le ressort de sa circonscription ;

5o De se mettre à la disposition des autorités et des institutions de charité, et ce, tant sur leur demande, que sur sa propre initiative, pour tout ce qui touche l'assistance aux pauvres, soit dans sa circonscription, soit en général ;

6o De discuter les intérêts communs et de projeter des mesures, favorisant une assistance efficace, et particulièrement d'aider et de favoriser la collaboration de toutes les institutions, ayant **leur champ d'activité** dans le ressort de la circonscription ;

7º De rédiger, dans la forme que fixera notre Ministre de l'Intérieur, le rapport annuel sur l'assistance aux pauvres dans le ressort du Conseil.

§ 2 Un règlement d'administration publique fixera les pouvoirs, qui doivent ou peuvent être confiés au Comité de direction et au Comité exécutif.

Art. 57

§ 1 Si, par rapport à une demande de secours, il est désirable de savoir quel salaire où quels gages l'intéressé et les membres de sa famille reçoivent ou ont reçus en dernier lieu, et si le Comité de direction de l'institution de charité à laquelle a été demandé le secours, désire examiner l'exactitude des renseignements fournis à ce sujet par l'intéressé, le Conseil des institutions de charité où, à son défaut, le bourgmestre et les échevins, demandent, sur requête de ce Conseil de direction, des informations au chef ou au directeur de l'exploitation ou de l'entreprise pour laquelle l'intéressé ou des membres de sa famille ont travaillé ou travaillent encore. Le Conseil ou le bourgmestre et les échevins demandent encore, sur pareille requête, au Comité de direction d'une institution chargée d'assurance légale, communication des données en possession de ce comité quant aux salaires, aux gages ou versements qu'ont reçus ou que reçoivent encore l'intéressé ou quelque membre de sa famille. Le chef ou le directeur de l'exploitation ou de l'entreprise fournit les informations sur le salaire, les gages ou le versement, demandées par le Conseil des institutions de charité ou par le maire et ses adjoints dans un délai de deux fois vingt-quatre heures; l'administration, nommée plus haut, de l'institution chargée d'assurance légale, dans un délai de cinq fois vingt-quatre heures.

§ 2 Le Conseil des institutions de charité ou le bourgmestre et les échevins peuvent refuser d'acquiescer à la demande si, après avoir entendu le Comité de direction de l'institution de charité, ils ne trouvent pas de raisons pour demander des renseignements.

ART. 58

Dans une commune où il n'y a pas de Conseil des institutions de charité, le bourgmestre et les échevins peuvent instituer un registre des pauvres, recevant des secours des institutions de la commune et de ceux à qui ont été refusés ces secours par ces institutions. En cas de fondation d'un Conseil des institutions de charité, ce registre lui est transmis.

ART. 59

Si un registre d'informations a été institué, l'article 51 est applicable, et les informations y visées doivent alors être fournies à l'administrateur du registre.

Art. 60

Les renseignements contenus dans le registre peuvent être transmis à des institutions de charité et à des personnes privées, en conformité de prescriptions données par le bourgmestre et les échevins.

Art. 61

§ 1 Les frais du Conseil des institutions de charité, à l'exception des appointements du secrétaire et des frais du registre d'informations, sont à la charge de la commune.

§ 2 Si un Conseil des institutions de charité a été institué pour plusieurs communes ou parties de commune en commun, chacune de ces communes contribuera dans les frais, en proportion du nombre de ses habitants dans la circonscription du Conseil. Si les communes ne peuvent tomber d'accord au sujet de la contribution dans les frais du Conseil des institutions de charité, les montants seront fixés par la députation permanente des États provinciaux, et, si ces communes sont situées dans des provinces différentes, par Nous.

Art. 62

Le Conseil des institutions de charité présente annuellement au Conseil municipal le budget pour l'année suivante et rend ses comptes relatifs à l'année civile écoulée, en se conformant dans les deux cas, aux prescriptions à établir par règlement d'administration publique.

Les contestations relatives au budget ou à la production des comptes sont tranchées sur requête, soit du Conseil municipal, soit du Conseil des institutions de charité, par la députation permanente des États provinciaux et, en appel, par Nous.

CHAPITRE V

Des recours.

Art. 63

Recours peut-être exercé contre l'assisté, s'il est en état de restituer, sur sa succession et contre ceux qui, par la loi, sont tenus de pourvoir à son entretien, pour tous les frais d'assistance, sauf le salaire pour travail fourni.

Art. 64

§ 1 Le recours contre l'assisté ou sa succession a lieu en vertu d'un mandat d'exécution, libellé sur des relevés de frais dûment détaillés et autant que possible justifiés par des preuves. C'est le Comité de direction de l'institution ou le bourgmestre et les échevins ayant fourni les secours, qui soumettent le mandat au juge.

§ 2 Le mandat d'exécution est délivré par le juge de paix du lieu de domicile de celui contre qui a lieu le recours ou, si c'est contre plus d'une personne, du lieu de domicile de l'un d'eux.

§ 3 Dans le cas où il n'y a pas de juge du royaume en Europe compétent, en vertu de l'alinéa précédent, le mandat est délivré par le juge de paix d'Amsterdam.

§ 4 L'opposition contre le mandat peut être signifiée au juge de paix ou, si le montant exigé excède sa compétence, au tribunal d'arrondissement. L'article 438 du Code de procédure civile est applicable à ce cas.

§ 5 L'opposition a lieu de la manière prescrite dans l'article 77.

Art. 65

§ 1 Si un pauvre a été secouru par une institution de charité ou par le bourgmestre et les échevins, et que des tiers étaient légalement tenus à pourvoir à son entretien, le juge de paix dans le ressort duquel l'indigent habite ou séjourne peut stipuler, à la requête écrite du Comité de direction de l'institution ou bien à celle du bourgmestre et des échevins, qu'il sera payé par un tiers à l'institution ou aux bourgmestre et échevins, un certain montant sur ce qu'il doit en fait de salaire ou autres revenus, à celui tenu à pourvoir à l'entretien.

§ 2 Après audition de l'assisté et du Comité de direction ou du bourgmestre et des échevins, et après audition ou convocation en bonne et due forme de la personne tenue à participer à l'entretien, le juge de paix fixera le montant qui, en vertu de l'alinéa précédent, sera retenu périodiquement sur les revenus. Le jour de l'audition sera fixé à quinze, jours au plus, après réception par le juge de paix de la requête visée dans l'alinéa précédent.

§ 3 L'arrêt du juge de paix peut être modifié à la requête de la personne tenue à participer à l'entretien ou à celle du Comité de direction ou du bourgmestre et des échevins, après audition ou convocation en bonne due forme de chacun de ceux-ci.

§ 4 Les décisions du juge de paix, visées dans cet article, sont exécutoires par provision, d'après la minute et avant l'enregistrement, il peut en être appelé au tribunal d'arrondissement dans un délai de quinze jours.

§ 5 Les dispositions de l'article 575 du Code de procédure civile et des lois et dispositions spéciales en vertu desquelles les créanciers ne peuvent faire valoir leurs droits que dans les limites précitées et de la manière indiquée à l'égard d'appointements, soldes ou retraites et autres rétributions et versements, ne sont pas en vigueur pour le cas actuel.

Art. 66

§ 1 Toute décision judiciaire visée dans l'article précédent, en vertu de laquelle une somme a été fixée, est immédiatement communiquée par le greffier sous copie au Comité de direction de l'institution ou aux bourgmestre et échevins, ainsi qu'à la personne tenue de participer à l'entretien de l'indigent.

§ 2 Le Comité de direction de l'institution ou le bourgmestre et les échevins portent à la connaissance du tiers, qui a des versements à faire à la personne tenue de participer, la communication visée dans l'alinéa précédent.

§ 3 Cette communication a lieu par écrit et est signée pour « vu » par celui à qui elle est adressée, et renvoyée par lui au Comité de direction ou aux bourgmestre et échevins. Si la communication signée pour « vu » n'a pas été reçue par le Comité de direction dans un délai de huit jours après l'envoi, elle est renouvelée par exploit d'huissier.

§ 4 Par la signature pour « vu » ou la notification par ministère d'huissier, visée dans l'alinéa précédent, la personne à qui elle était adressée est obligée de payer au Comité de direction ou aux bourgmestre et échevins le montant fixé en vertu de l'article 65 sur le salaire.

§ 5 Des paiements, effectués à l'encontre des dispositions précitées, n'exemptent pas celui qui doit payer de l'obligation de paiement au Comité de direction ou aux bourgmestre et échevins.

Art. 67

Si le recours contre une personne, tenue à participer à l'entretien du pauvre, ne peut pas avoir lieu sur des revenus que lui doit un tiers, ce recours a lieu de la manière fixée dans l'article 64.

Art. 68

Pour le recours des frais de secours d'un pauvre, une institution de charité ou le bourgmestre et les échevins jouissent des droits que peut faire valoir un pauvre, en vertu de l'article 1638 *ij* du Code civil.

Art. 69

- Les revenus des biens d'orphelins, d'enfants trouvés, d'enfants abandonnés et d'autres pauvres hospitalisés dans des maisons de charité peuvent être perçus, durant le temps de l'hospitalisation, par l'institution, qui en paie les frais, mais seulement jusqu'à un maximum dont le montant sera fixé à la requête de l'institution en question, par le juge de paix dans le ressort duquel l'institution visée à son siège.

Art. 70

Il y a lieu à recours pour les frais d'hospitalisation et d'enterrement de ceux qui ont été hospitalisés dans les maisons de charité visées dans l'article 69, sur la succession des hospitalisés, pour autant que ces frais n'ont pas encore été remboursés en vertu dudit article.

Art. 71

On pourra s'écarter, par convention, de ce qui a été stipulé dans les articles 69 et 70, pour ce qui concerne l'hospitalisation de majeurs dans une maison de charité.

Art. 72

Les créances, découlant des articles 63, 69 et 70, sont des dettes privilégiées et suivent immédiatement celles qui sont définies dans l'article 1195 du Code civil, pour autant qu'elles n'y sont pas déjà comprises.

Art. 73

La demande en justice pour recours de frais d'assistance et hospitalisation en vertu des articles 63, 69 et 70 est prescrite au bout de cinq années écoulées après le 31 décembre de l'année où l'assistance a été donnée

CHAPITRE VI

Des différends.

Art. 74

Les différends sur l'organisation ou la destination des institutions civiles et mixtes et sur leur droit de nomination, de suspension et de destitution de leurs comités de direction, sont tranchés par Nous, après audition, si possible, de ceux qui étaient chargés de la direction, de l'institution au moment où le différend a pris naissance.

Art. 75

§ 1 Les différends concernant le domicile, visés dans l'article 39, seront tranchés par Nous, s'ils ne sont pas arrangés à l'amiable par la députation permanente des Etats provinciaux.

§ **2 A** la **requête** de la députation permanente **des** États provinciaux, toutes personnes seront convo **qûées** et entendues sous serment par le juge de **paix** du canton où elles habitent ou séjournent, concer **nant des** points controversés à indiquer par la *,* députation permanente des États provinciaux. Le juge de paix dresse le procès-verbal de l'audition.

ART. 76

L'autorité judiciaire est compétente en ce **qui** touche les différends:

a) Sur la question de savoir si une institution est une institution de charité et à quelle classe définie dans l'article 2 elle appartient;

b) Sur la question de savoir si les biens d'une institution de charité ne sont pas gérés; si quelqu'un est chargé de cette gestion en vertu des **statuts ou de la** lettre de fondation, et si **ceux** qui en sont chargés n'y pourvoient pas dans le **délai fixé** par Nous;

c) Sur le recours pour frais d'assistance et le montant de ces frais susceptible de recours, hormis ceux visés dans le deuxième alinéa de l'aritcle 40;

d) Sur les droits qui pourraient être **empruntés** à des actes d'indemnité, les fédéjussions, des actes de destitution, de réadmission et analogues délivrés, **ou** bien encore à des conventions réciproques d'autorités municipales ou d'institutions civiles **ou** mixtes d'assister les pauvres dont ils ont la charge, conventions faites avant l'entrée en vigueur de la loi du 28 novembre 1818 *(Bulletin des lois, n⁰ 40).*

ART. 77

§ 1 Le tribunal est saisi du différend prévu à l'article précédent (sub. *c*) par une requête, adressée au juge du lieu de domicile ou de séjour de la partie adverse. Cette requête est signée par ou au nom de la partie demanderesse, et la copie en est signifiée à la partie adverse dans un délai de trois jours, sous peine de nullité.

§ 2 Dans les quinze jours suivant celui de la signification, la partie adverse peut s'adresser au juge dans une contre-requête, de même signée par elle ou en son nom, et signifiée sous forme de copie à la partie demanderesse dans un délai de trois jours, sous peine de nullité. En ce cas, le juge fixe la date et l'heure de l'audition des parties ou de leurs fondés de pouvoir, qui fourniront leurs explications au sujet des requêtes. Ce jour ne pourra être fixé plus tôt que quinze jours, et pas plus tard que trois mois, après réception au greffe de la contre-requête.

§ 3 Par pli d'avis de service le greffier porte à la connaissance des deux parties la date et l'heure fixées par le juge.

§ 4 Cependant le commentaire oral n'aura pas lieu si les deux parties, soit dans leur requête, soit au greffe et au plus tard le troisième jour après réception du pli de service visé dans l'alinéa précédent, déclarent renoncer à fournir ces explications.

§ 5 De même, dans les cas où il n'a pas été présenté de contre-requête, le juge est autorisé, avant de se prononcer, de faire convoquer la partie demanderesse de la manière visée dans le troisième alinéa afin d'entendre le commentaire de sa requête et de lui poser les questions qu'il jugera utiles.

CHAPITRE VII
Pénalités.

ART. 78

§ 1 Les régents des institutions de charité qui n'observeront pas ou observeront insuffisamment les prescriptions contenues dans les articles 6, 12, 13 et 54 seront punis d'une amende dont le maximum est fixé à vingt-cinq florins.

§ 2 Ceux qui, en vertu de l'article 7, second alinéa, sont tenus de faire la communication visée dans le premier alinéa de cet article et qui négligent de faire cette communication seront punis d'une amende dont le maximum est fixé à cinquante florins.

§ 3 A l'occasion d'une condamnation en conséquence du premier alinéa de cet article, il pourra être fixé un délai, au cours duquel il doit encore être satisfait à la première prescription.

§ 4 Les régents qui manqueront encore de satisfaire à la prescription transgressée dans le délai fixé par le juge, seront punis d'une amende dont le maximum est fixé à cinquante florins.

Art. 79

Le chef ou le directeur d'une exploitation ou d'une entreprise qui n'est pas exploitée par un corps de droit public, qui n'obtempère pas en temps voulu à la demande du Conseil des institutions de charité ou du bourgmestre et des échevins qui lui est adressée conformément à l'article 57, ou bien qui fournit des données fausses à ce sujet, sera puni de détention d'un maximun de quinze jours ou d'une amende dont le maximun est fixé à cent florins.

Art. 80

Outre les fonctionnaires cités dans l'article 8 du Code d'instruction criminelle, la maréchaussée et tous les autres fonctionnaires de la police de l'État ou de la commune, sont chargés de découvrir les infractions à la présente loi.

Art. 81

Les faits, tombant sous le coup de la présente loi, sont considérés comme des délits.

CHAPITRE VIII

Articles additionnels et articles finals.

Art. 82

§ 1 Le règlement d'administration publique, qui pourvoira à l'exécution de la présente loi, instituera un Conseil supérieur de l'assistance, chargée de conseiller les autorités et, sur leur demande, les institutions de charité.

§ 2 Ce Conseil se composera de trois membres au moins, sept au plus.

§ 3 Un des membres est désigné par Nous comme président.

§ 4 Les membres sont remboursés de leurs frais de séjour et de déplacement. En outre ils ont droit à des jetons de présence.

§ 5 Nous adjoindrons au Conseil un secrétaire à qui nous allouons un remboursement annuel des frais de bureau et, s'il est besoin, une gratification personnelle.

§ 6 Le secrétaire est nommé pour la durée de cinq ans, mais il peut être suspendu et destitué en tout temps par Nous.

Art. 83

Pour l'application de la présente loi, on qualifiera de « maison de charité » tous les établissements où seront logés des pauvres avec ou sans autres soins.

Art. 84

Pour le fonctionnement de cette loi, l'article 874 du Code de procédure civile est applicable aux municipalités et aux institutions de charité.

Art. 85

Toutes les pièces prescrites par la présente loi seront affranchies de frais et de droits.

Art. 86

La présente loi sera désignée sous le nom de « Loi sur l'assistance des pauvres ».

Art. 87

§ 1 Une association fondée après l'entrée en vigueur de la loi du 22 avril 1855 *(Bulletin des lois nº 32)* qui, au moment de l'entrée en vigueur de la présente loi, était placé sur la liste des institutions de charité, dressée et tenue à jour par le bourgmestre et les échevins, et dont les statuts n'étaient pas sanctionnés en vertu de la loi précitée, conservera sa personnalité civile pendant deux ans, à partir de l'entrée en vigueur de la présente loi ou jusqu'à ce qu'elle soit rayée de cette liste, si le fait se produisait avant que ces deux années soient écoulées.

§ 2 Si l'approbation des statuts a lieu après l'entrée en vigueur de la présente loi, ce ne sera, à partir de l'entrée en vigueur de cette loi, non plus la prescription du premier alinéa qui sera applicable, mais bien la loi du 22 avril 1855 *(Bulletin des lois nº 32)* pour ce qui concerne la personnalité civile de l'association.

Art. 88

Les listes des institutions de charité devront être établies conformément à ce qui a été arrêté dans l'article 3 de la présente loi, dans le délai d'une année après l'entrée en vigueur de la présente loi.

Art. 89

Les règlements des institutions civiles seront révisés dans le délai d'une année après l'entrée en vigueur de cette loi.

Art. 90

Dans l'article 23 de la loi électorale; dans l'article 7 de la loi du 27 avril 1884 *(Bulletin des lois nº 96)* pour le règlement du contrôle de l'État sur les aliénés, tel que cet article a été modifié par la loi du 15 juillet 1904 *(Bulletin des lois nº 157)*; dans l'article 19 de la loi du 4 décembre 1872 *(Bulletin des lois nº 134)*, modifié en dernier lieu par la loi du 17 juillet 1911 *(Bulletin des lois nº 208)* renfermant des mesures en cas de maladie contagieuse, et dans l'article 25 de la loi du 26 mai 1870 *(Bulletin des lois nº 82)*, modifié en dernier lieu par la loi du 7 juillet 1906 *(Bulletin des lois nº 176)*, concernant l'impôt sur la valeur du sol, on lira, au lieu de loi du 28 juin 1851 *(Bulletin des lois nº 100)* : Loi sur l'assistance des pauvres.

Art. 91

La loi du 28 juin 1851 *(Bulletin des lois nº 100)*, la loi du 1er juillet 1870 *(Bulletin des lois nº 85)*, hormis les articles 15 et 16 et l'article III de la loi du 15 juillet 1904 *(Bulletin des lois no 157)* sont abrogés. Dans l'article 15 de là loi du 1er juin 1870 *(Bulletin des lois n° 85)*, on lira pour : « le jour de l'entrée en vigueur de cette loi », le 15 juillet 1870; pour : « se trouvent : se trouvaient », et pour « sont assistés : furent assistés ce jour ».

Art. 92

Cette loi entre en vigueur à un moment à fixer par Nous.

Arrêtons et ordonnons que la présente sera insérée dans le *Bulletin des lois* et que tous les départements ministéries, autorités, collèges et fonctionnaires, que cela concerne, tiendront la main à l'exécution ponctuelle de ses dispositions.

Fait au Palais du Loo, le 27 avril 1912.

WILHELMINE.

Le Ministre de l'Intérieur,
Heemskerk.

Promulguée le 8 mai 1912.
Le Ministre de la Justice,
E. R. H. Regout.

PUBLICATIONS DE LA SOCIÉTÉ INTERNATIONALE
POUR L'ÉTUDE DES QUESTIONS D'ASSISTANCE

	Prix
Lois françaises d'Assistance, tome I : *2ᵉ édition*.......	**5 fr.**
Lois françaises d'Assistance, tome II, en réimpression.	
Premier supplément périodique.....................	**2 »**
Lois italiennes d'Assistance..........................	**1 25**
Lois allemande et belge.............................	**2 25**
Loi hollandaise....................................	**2 25**
Statistiques françaises d'Assistance (1905)...........	**1 »**
Lois françaises usuelles voisines de l'Assistance, Fascicule I :	
Administration pénitentiaire........	**2 50**
En préparation : Fascicule II, Mutualité et prévoyance.	

EN VENTE : 49, rue Miromesnil.

(*Téléphone :* Elysées 52-44)

et chez MASSON ET Cⁱᵉ, ÉDITEURS

(*Revue Philanthropique*)

120, BOULEVARD SAINT-GERMAIN, PARIS (VIᵉ)